Der zarte Hauch des Augenblicks

Der zarte *Hauch*
des Augenblicks

Worte zum Glücklichsein

HERDER

FREIBURG · BASEL · WIEN

Sonderband 2021

Herausgegeben von German Neundorfer

Phil Bosmans

Sophia Fritz

Gotthard Fuchs

Anselm Grün

Jana Highholder

Anthony de Mello

Philipp Meyer

Susanne Niemeyer

Yarito Niimura

Wolfgang Öxler

Rainer Maria Rilke

Joachim Ringelnatz

Andrea Schwarz

Christa Spannbauer

Christa Spilling-Nöker

Pierre Stutz

Martin Werlen

Heiner Wilmer

Notker Wolf

Teresa Zukic

Vorwort

Wenn nach einem langen Winter sich endlich wieder das Leben zu regen beginnt, wenn das erste Grün sich schüchtern zeigt und unser Blick auf zarte Knospen fällt, wenn ein leichter, zarter Hauch von Frühling in der Luft liegt, der uns alle Winterschwere nimmt, dann ist es Zeit, aufzuatmen und den Augenblick zu genießen. Es ist das Wunder des erwachenden Lebens, das sich leise zu regen beginnt, und dieses Wunder kann uns in seiner ganzen Fülle erfassen.

Dieses Wunder können wir, wenn wir uns dafür öffnen, nicht allein im Frühjahr erleben, sondern Tag für Tag aufs Neue. Denn dass die Lebenslust am Morgen beginnt, wissen nicht nur passionierte Frühaufsteher. Der Morgen ist ein Sinnbild für Frische und Beginn, er steht für erwachendes Licht, für einen Aufbruch ins Leben. Und in diesem Aufbruch, diesem Anbrechen des Tages steckt eine Fülle an Lebenspotenzial, eine Energie, die nur darauf wartet, hervor- und herauszubrechen, die darauf brennt, sich endlich Luft zu machen, sich zu entfalten und den Raum zu füllen, der sich ihr eröffnet.

Ich glaube, dass wir selten einen Frühling so sehr herbeigesehnt haben, wie in diesem Jahr. Einen Frühling, von dem wir uns so etwas wie ein neues Leben versprechen, ein Leben ohne Einschränkungen und Isolation, ein Leben, das uns wieder zueinander führt.

Leben, das heißt entdecken, mit Neugier dem Tag begegnen, es heißt innehalten und staunen, es heißt aber auch, der eigenen Hoffnung vertrauen. Dazu lade ich Sie, liebe Leserin und lieber Leser, mit diesem Buch herzlich ein.

German Neundorfer

Inhalt

Die knospende Blüte am Zweig –
Von der Kunst des Innehaltens

Das Herz weitet sich –
Vom Aufblühen der Liebe

Ich lieb ein pulsierendes Leben –
Von der Neugier und vom Glück

Anhang

Ich bin so
knallvergnügt
erwacht

Vom Aufbruch ins Leben

Morgenwonne

Joachim Ringelnatz

Ich bin so knallvergnügt erwacht.
Ich klatsche meine Hüften.
Das Wasser lockt. Die Seife lacht.
Es dürstet mich nach Lüften.

Ein schmuckes Laken macht einen Knicks
Und gratuliert mir zum Baden.
Zwei schwarze Schuhe in blankem Wichs
Betiteln mich »Euer Gnaden«.

Aus meiner tiefsten Seele zieht
Mit Nasenflügelbeben
Ein ungeheurer Appetit
Nach Frühstück und nach Leben.

Lebenslust beginnt am Morgen

Anselm Grün

Der Engel der Lebenslust beginnt schon am Morgen damit, mir die Augen zu öffnen für das Geheimnis dieses Tages, für die kleinen Freuden, die für mich bereitliegen, für die frische Luft, die durch das offene Fenster einströmt, für meinen Leib beim Duschen, für das frische Brot beim Frühstück, für die Begegnung mit Menschen, mit denen ich heute zu tun habe. Der Engel der Lebenslust nimmt mich an die Hand und zeigt mir, dass das Leben in sich schön ist. Es ist schön, gesund zu sein, seinen Leib zu bewegen. Es macht Spaß, frei durchzuatmen. Und es ist eine Freude, die täglichen Überraschungen des Lebens bewusst wahrzunehmen.

Morgendämmerung

Gotthard Fuchs

Schon vor Sonnenaufgang zaghaft das noch fahle Licht, das sich erst aus dem nächtlichen Dunkel löst, dann der brennende Durchbruch – und die Bäume oben stehen in flammendem Rot wie auf den expressionistischen Bildern von Karl Schmidt-Rottluff. Immer schärfer schneidet das reine Licht Gefälle und Senken der Wiese heraus, bis diese vollends im strahlenden Licht liegt. Nicht nur der Schachtelhalm profiliert im Gegenlicht seine phantastische Struktur. »Nichts Schöneres unter der Sonne als unter der Sonne zu sein« (Ingeborg Bachmann).

Bei diesem morgendlichen Lichtzauber kann immer noch das mythische Ahnen mitzittern, dass es auch ganz anders sein könnte. Warum denn sonst haben zum Beispiel die Azteken so viel menschliches Herzblut geopfert? Es war die nackte Angst, die abends untergegangene Sonne könnte womöglich nicht wieder hochkommen und ihre strahlende Rück-

kehr nicht schaffen. Dann wäre der Ofen aus, wort-
wörtlich. Unsereiner ist da naturwissenschaftlich
abgebrüht – im Zeitalter von Sonnenenergie- und
Solarforschung erst recht –, aber das Wissen um die
Nichtselbstverständlichkeit des Sonnenaufgangs
gehört bleibend in die spirituelle Hausapotheke jedes Menschen. Wo immer man in die Religions- und
Kulturgeschichte schaut, spielen Sonnenkulte und
-metaphern eine zentrale Rolle – besonders aus-
geprägt im alten Ägypten, wo man dem Sonnen-
gott je nach Tageslichtstand verschiedene Namen
gab und sogar die Nacht als regenerativen Ort der
wandernden Sonnenbarke deutete. Immer haben
solch symbolische Deutungen natürlicher und kos-
mischer Vorgänge ihre gesellschaftlich-lebenswelt-
liche Bedeutung: Die Rede vom Sonnenkönig oder
vom sonnigen Gemüt zeigt es, ebenso belegen das
die Riten der Sonnenanbetung von Stonehenge bis
zum Urlaubsstrand. Die Sonne ist kosmisch der erste Gott im Leben der Menschheit – wie die Mutter
im Leben des einzelnen Menschen.

Welche Revolution im biblischen Schöpfungshymnus, dass auch die Sonne ein Geschöpf ist und keineswegs ein Gott – »nur« eine Lampe am Himmel (Gen 1,16). Sie hat demnach ihre glänzende Lebensfunktion von Gottes Gnaden, und allein ihr Schöpfer ist die Sonne der Gerechtigkeit in allem. »In deinem Licht sehen wir das Licht« (Ps 36,10). Kein Wunder, dass christlicher Glaube die Auferweckung Jesu vom Morgenlicht her denkt, also im Osten. Kirchen sollen bekanntlich geostet sein.

Du, Christus, bist der helle Tag,
das Licht, dem unser Licht entspringt.
Gott, der mit seiner Allmacht Kraft
die tote Welt zum Leben bringt.

So heißt es in einem der vielen kostbaren Morgenhymnen im kirchlichen Stundengebet (Laudes am Freitag der dritten Woche). Dem liegt jene Morgenmystik zugrunde, die Paulus – wohl mit Blick auf die eigene Lebenswende – beschreibt (vgl. 2 Kor 4,6):

Gott sprach (und spricht jeden Morgen),
aus Finsternis soll
Licht aufleuchten. Derselbe (Schöpfer-)Gott ist in
unseren
Herzen aufgeleuchtet; dadurch geht uns das Licht auf
und
wir erkennen die Herrlichkeit Gottes auf dem Ange-
sicht Christi.

Sonnenaufgang also geschieht in Wahrheit dann, »wenn du in das Angesicht eines Menschen blickst und darin deinen Bruder oder deine Schwester erkennst.«

Ein junger Mann kam zum Rabbi und fragte: Was muss ich tun, um die Welt zu retten? Der Weise antwortete: So viel wie du dazu beitragen kannst, dass morgens die Sonne aufgeht. Der Junge darauf: Aber was nützen dann all meine Gebete und Taten? Darauf der Weise: Sie helfen dir, wach zu sein, wenn die Sonne aufgeht.

Geschent

Phil Bosmans

Ein Baum weiß, wann der Frühling kommt. Auch die Menschen wissen das, die mit der Natur wirklich verbunden sind, denn sie fühlen das Geschenk des Lebens. Die meisten Menschen wissen und fühlen das nicht mehr. Sie wissen nur noch, wann die Lohnüberweisung kommt und was sie noch alles kaufen müssen.

Wer sich mit wenig zufriedengeben kann, wird mehr erhalten, als er erwartet. Alles, was er erhält, wird wie ein Wunder sein. Ihm werden die Wunder des Lebens geschenkt.

Wer alles haben will, wird niemals zufrieden sein. Das Leben macht ihm keine Freude. Er ist ein Vogel mit zu schweren Flügeln. Er wird niemals zur Sonne fliegen können.

Der Kyrios des Tanzes

Martin Werlen

Das Wort Gottes spricht oft vom Tanzen. Vertraut sind vielen von uns die Psalmverse: »Lobt ihn mit Trommel und Reigentanz, lobt ihn mit Saiten und Flöte!« (Ps 150,4) und »Da hast du mein Klagen in Tanzen verwandelt, hast mir das Trauergewand ausgezogen und mich mit Freude umgürtet« (Ps 30,12). So beten selbstverständlich auch die Pharisäer, weil es vorgeschrieben ist. Aber wenn im Gottesdienst dann einmal wirklich getanzt wird, sind sie entsetzt und befürchten den Untergang der Kirche. Dürfen wir vor Gott nicht tanzen? Besonders interessant ist, was in der Heiligen Schrift über den großen König David geschrieben steht: Als der Zug mit der Bundeslade sich wieder in Bewegung setzte, tanzte David voller Hingabe neben der Lade her, um den Herrn zu loben. Davids Frau Michal, Sauls Tochter, sah, wie der König zu Ehren des Herrn hüpfte und tanzte, und verachtete ihn dafür und spottete:

»Wie würdevoll hat sich heute der König von Israel benommen, als er sich vor den Augen der Mägde seiner Untertanen bloßgestellt hat, wie sich nur einer vom Gesindel bloßstellen kann.«

David erwiderte: »Vor dem HERRN, der mich statt deines Vaters und seines ganzen Hauses erwählt hat, um mich zum Fürsten über das Volk des HERRN, über Israel, zu bestellen, vor dem HERRN habe ich getanzt; für ihn will ich mich gern noch geringer machen als diesmal und in meinen eigenen Augen niedrig erscheinen. Bei den Mägden jedenfalls, von denen du gesprochen hast, stehe ich in Ehren« (2 Sam 6,20–22).

In dem Film *Die zwei Päpste* von Fernando Meirelles, der auf dem Buch *Die zwei Päpste: Franziskus und Benedikt und die Entscheidung, die alles veränderte* von Anthony McCarten basiert, versucht Kardinal Bergoglio dem Papst aus Deutschland noch einige Tangoschritte beizubringen. Und wir, lassen wir uns mitreißen vom Geist Gottes? Kommen auch wir ins

Tanzen? Oder gleichen wir eher der alttestament-lichen Michal: aus dem Fenster hinausschauen und spotten? Die Reaktion auf das Wirken des Heiligen Geistes kann offensichtlich ganz verschieden aus-sehen. Auch heute gibt es — wie zu allen Zeiten — Leute, die es lächerlich finden und sich darüber lustig machen. Die Versuchung der Pharisäer lau-ert an der Tür aller glaubenden Menschen. Wider-stehen wir dieser Versuchung! Wagen wir den Tanz des Glaubens mit Christus! Er ist der »Kyrios«. Dies ist im Neuen Testament ein Titel für Gott und für Jesus Christus. In der deutschen Sprache ist »Herr« eine ungenügende und leider auch missverständli-che Übersetzung dieses Titels. Darum erscheint in vielen deutschen Bibelübersetzungen dieser Titel jeweils mit der auffälligen Kapitälchenschreibung: HERR. Christus ist der HERR, der Kyrios des Tanzes.

Einladung ins Leben

Anselm Grün

Jeder neue Tag ist eine Einladung. Jeden neuen Morgen wartet das Leben auf dich, hell und bunt. Es liegt an dir selbst, wie du den neuen Tag beginnst. Es liegt an dir, ob du ihn als Zumutung erlebst oder als Verheißung, ob der Tag für dich erwacht oder ob er dir schläfrig entgegenkommt, ungewaschen und ungekämmt, ohne Kraft und ohne Frische. Die Süße des Lebendigen ist da. Aber sie muss gespürt werden. Schlaftrunkene Augen werden sie nicht erkennen. Und ein Herz, das nicht aufwacht, kann die erwachte Wirklichkeit nicht wahrnehmen.

Ein Briefumschlag voll Licht

Christa Spilling-Nöker

Es war die letzte Religionsstunde einer Abschluss-klasse an der Berufsschule. »So«, sagte ich, »heute machen wir eine Bibelarbeit«, und legte zum Er-staunen meiner Schülerinnen, die gedacht hatten, wir würden gemeinsam etwas spielen, tatsächlich eine Bibel auf den Tisch. Ich schlug das Matthäus-evangelium auf und schrieb die beiden Sätze aus der Bergpredigt an die Tafel:

»Ihr seid das Salz der Erde.«

»Ihr seid das Licht der Welt.«

Zwischen beiden Sätzen ließ ich etwas Platz. Nun fragte ich die Klasse zunächst, was ihnen zu ›Salz‹, später, was ihnen zu ›Licht‹ einfiele. Da fanden sich dann Antworten wie: »Würze«, »macht schmack-haft«, »Gegensatz zu fade«, »Salz ist ein lebenswich-tiges Mineral« sowie: »Helligkeit«, »Tag«, »Sonne«, »ohne Licht kann nichts gedeihen«, »Kerze«, »Ende des Tunnels«, »Klarheit«, »Gott schuf das Licht«,

»man kann etwas erkennen «. »Sehen Sie«, sagte ich, »diese beiden Sätze wollen wir einander sagen: Du bist das Salz der Erde, du gibst dem Leben Kraft und Würze, es steckt sehr viel in dir. Und ebenso bist du auch ein Licht, das anderen Menschen leuchtet und dadurch Zuversicht und Lebensmut schenkt. Ohne Salz und Licht wären wir nicht lebensfähig.«

Dann teilte ich an jede Schülerin so viele kleine Zettel aus, wie Mädchen in der Klasse waren, und sagte: »Jetzt schreiben Sie für jede Ihrer Mitschülerinnen einen Satz darüber, was Sie an ihr besonders schätzen, in welcher Weise sie in Ihrem Leben zu Salz oder Licht geworden ist, wodurch sie Ihnen Kraft, Lebensmut und Hoffnung geschenkt hat! Oder auch, was Sie ihr für die Zukunft an ›Salz‹ oder ›Licht‹ wünschen. Zum Beispiel: ›Du hast mich getröstet, als ich Liebeskummer hatte‹ oder ›Deine Fröhlichkeit hat mich immer angesteckt‹ oder ›Ich wünsche dir, dass du den Arbeitsplatz bekommst, den du dir wünschst.‹« Für jede Schülerin hielt ich einen Briefumschlag, mit ihrem Namen versehen, bereit, sodass alle am Ende der Stunde ihre guten Botschaften in die entsprechenden Kuverts stecken konnten. Darin befanden sich auch gute Worte von mir, die ich am Vortag schon zuhause geschrieben hatte. Als es zur Pause läutete, wurden die Umschläge verteilt. Von einem Augenblick auf den anderen war es mucksmäuschenstill im Raum. Gespannt lasen die Mädchen die frohen Botschaften. Über das Gesicht von so manchen huschte ein Lächeln, als die Schar auf dem Flur nach und nach meinen Blicken entschwand. Fünf Minuten später begann die nächste Stunde und forderte mich mit einem ganz anderen Thema.

Einige Jahre später traf ich eine dieser früheren Schülerinnen an einer Straßenbahnhaltestelle. Sie begrüßte mich herzlich und meinte: »Wir haben bei Ihnen doch in der letzten Stunde für jede einen guten Satz aufgeschrieben. Meinen Briefumschlag mit all den Zetteln habe ich noch. Das können Sie ruhig auch mal mit anderen Klassen machen.«

Jeden Morgen

Teresa Zukic

Und jeden Morgen ist ein neuer Tag
und eine neue Chance, die Welt
ein bisschen freundlicher zu machen.
Guten Morgen, geliebte Freunde.
Möget ihr einen guten Tag haben.
Möge euch Freundlichkeit geschenkt werden.
Möge euch jemand in den Arm nehmen.
Möge euch jemand sagen, wie kostbar ihr seid.
Mögen euch liebe Menschen begegnen.
Möge Gott euch heute ganz besonders beschützen.

Die knospende **Blüte** am Zweig
Von der Kunst des Innehaltens

Unaufdringlich

Andrea Schwarz

sanftes Hauchen

leises Raunen

zartes Schmeicheln

lindes Streicheln

unwiderstehlich

verzaubernd

anmutig

verführend

knospende Blüte am Zweig

lockender Ruf eines Vogels

schmale Sichel des Mondes

raunendes Flüstern des Windes

mich

ganz zart

berühren lassen

von dir

Auf eine Tasse Tee

Zengeschichte

Im Hochland befand sich eines der berühmtesten Klöster des Reiches, und Jahr für Jahr zogen viele Menschen dorthin, um vom Meister als Schüler angenommen zu werden. Ein solcher Anwärter saß gerade beim Meister, der ihn fragte, ob er denn schon früher einmal das Kloster besucht habe. Als der Schüler verneinte und sein Verlangen nach Unterweisung äußerte, sagte der Meister: »Nun gut, dann lass uns zunächst eine Tasse Tee trinken.«
Kaum war der Schüler gegangen, kam schon der nächste. Und auch von ihm wollte der Meister wissen, ob er das Kloster schon einmal aufgesucht hatte. »Ja, vor einem halben Jahr war ich schon einmal hier und machte erste Erfahrungen mit dem Leben in Kontemplation. Nun möchte ich diesen Weg fortsetzen und bitte Euch um erneute Aufnahme in diesem Kloster.« Darauf der Meister: »Nun gut, dann lass uns zunächst eine Tasse Tee trinken.«

Diese Unterhaltungen des Meisters blieben nicht unbemerkt. Einige seiner langjährigen Schüler hatten sie verfolgt und waren nun sehr verwirrt. Warum hatte der Meister beiden dieselbe Antwort gegeben und mit beiden eine Tasse Tee getrunken, obwohl ihre Lage doch eine gänzlich unterschiedliche war? Da sie zu keinem Schluss kamen, gingen sie zum Meister, um nach seinen Gründen zu fragen. Der Meister hörte ihnen aufmerksam zu und antwortete: »Nun gut, dann lasst uns zunächst eine Tasse Tee trinken.«

Den Moment auskosten

Christa Spannbauer

Allzu oft blicken wir wie gebannt auf die negativen Ereignisse des Lebens. Bereits der morgendliche Blick in die Zeitung konfrontiert uns mit den Schreckensnachrichten aus aller Welt. Und so schauen wir wie paralysiert auf den fallenden Baum, anstatt uns am wachsenden Wald zu erfreuen. Das nährt unsere Negativität. Und vermiest uns die Freude am Leben. Wie aber können wir das Positive in unserem Leben stärken?

Neuropsychologen raten aufgrund der Formbarkeit unseres Gehirns dazu, so oft wie möglich positive Erlebnisse ganz bewusst in sich aufzunehmen. Je achtsamer wir diese wahrnehmen und je intensiver wir diese auskosten, desto nachhaltiger prägen sich diese als Glücksspuren in unserem Gehirn ein. Wem es dann noch gelingt, auch den Schwierigkeiten auf dem Lebensweg etwas Positives abzuringen, dem fällt es nicht nur leichter, diese zu bewältigen, sondern der ist für die Wechselfälle des Lebens bestens gewappnet.

Heute geht es darum, aufmerksam für all die positiven Geschehnisse um Sie herum zu werden und sich in einer optimistischen Lebenshaltung zu schulen. Pflanzen Sie Ihrem Gehirn Positives ein und hegen und pflegen Sie dieses zarte Pflänzchen, damit es wachsen und gedeihen kann. Suchen Sie bewusst nach Gelegenheiten, um angenehme Sinneserfahrungen zu machen. Schauen Sie um sich. Lauschen Sie. Schnuppern Sie. Was können Sie heute alles in Ihrer Umgebung entdecken, das Ihnen Freude bereitet? Sammeln Sie so viele positive Eindrücke wie möglich. Und nehmen Sie sich ausgiebig Zeit, diese Momente auszukosten und tief in sich aufzunehmen.

Den Puls des Herzens fühlen

Phil Bosmans

Wenn du mal fünf Minuten Zeit hast, weißt du, was du dann tun musst? Mal nachdenken! Mal für Ruhe sorgen um dich herum. Radio abstellen, Fernseher ausmachen, Zeitung weglegen.

Mach dich frei von den Zwängen der Erlebnisgesellschaft, die dich um Freiheit und Geist bringt. Du musst wissen, wie weit sie schon abgestorben sind, verendet im Würgegriff von Geld, Konsum, Profit, beerdigt im Massengrab der Meinungen.

Du bist empört über das Elend in der Welt? Die Menschen in Not haben nichts von tatenloser Empörung. Sie werden davon angeekelt, weil sie wissen: Du ertrinkst am Überfluss dessen, was sie so bitter entbehren. Sie werden dich erst wieder ernst nehmen, wenn der Puls deines Herzens richtig schlägt, wenn das Profit- und Konsumfieber herunter ist.

Ich weiß etwas gegen dieses Fieber, vielleicht das einzige Mittel, das hilft: Mut zu Verzicht und Maß.

Ein Tausendfüßler

Yarito Niimura

Folgende Geschichte erzählt man sich: Ein Fuchs traf eines Tages auf einen Tausendfüßler. Gebannt beobachtete er, wie elegant und mühelos der Tausendfüßler sich fortbewegte. Und er stellte sich ihm in den Weg und rief: »Wie schaffst du es, so schnell zu laufen, ohne mit deinen vielen Beinen durcheinanderzugeraten? Mal läufst du langsamer, mal schneller, mal drehst du dich, mal hältst du an, und das alles mit so vielen Beinen. Ich kann es nicht begreifen.«

Der Tausendfüßler schaute dem Fuchs erstaunt ins Gesicht, dann blickte er auf seine Beine, und er konnte gar nicht anders, er musste dem Fuchs recht geben: »In der Tat, man kann das kaum begreifen.« Doch als der Tausendfüßler weiterlaufen wollte, stolperte er über die eigenen Beine. Er versuchte es erneut, und wieder stolperte er. Seither ist dem Tausendfüßler kein einziger Schritt mehr gelungen.

Warten

Susanne Niemeyer

Marie konnte nicht viel. Sie konnte keinen Ball in
den Korb werfen und die richtigen Wörter traf sie
auch nicht. Marie konnte keinen Zopf flechten,
kein Schiffchen falten und wie man ein Video auf-
nahm, wusste sie nicht. Aber eines konnte Marie:
Sie konnte warten. Sie wartete am Ende der Super-
marktschlange, und wenn sich einer vordrängelte,
nahm sie es hin. Sie wartete, bis die Ampel auf Grün
sprang und der Apfelbaum rot und schwer wurde
und die Früchte fast in ihre Taschen fielen. Marie
lag es fern, etwas zu erwarten, das nicht da war. Un-
geduld kannte sie nicht. Sie wartete, bis die Dinge
so weit waren. Milchreis brauchte 40 Minuten, ein
mittelhartes Ei aber nur sechs. Doch was machte
das für einen Unterschied? Milchreiszeit unterschied
sich nicht von Einkaufszeit, denn jede Zeit umhüllte
Marie wie eine Decke, und wenn sie gelüftet wurde, weil eine Zeit vorbei war, dann wickelte sie sich

in eine andere, eine neue Zeit ein. Ein ganzes Leben hatte Marie es warm und gut, bis die Zeit endete und die Ewigkeit begann. Die Ewigkeit, entdeckte Marie, war länger als alles, eine Decke, bei der niemals die Füße hinausguckten. Dafür hatte sich das Warten wirklich gelohnt.

Den Frühling begrüßen

Pierre Stutz

Den Frühling begrüßen in mir
der neuen Lebenskraft trauen
die mich zum Aufbruch erwachen lässt
die meine Ängste verwandelt in Vertrauen

Den Frühling begrüßen in mir
dem aufblühenden Leben trauen
das mich beziehungsfähiger werden lässt
das Misstrauen verwandelt in Solidarität

Den Frühling begrüßen mit dir
gemeinsam durch die Felder ziehen
staunend die Grünkraft genießen
sie tief einatmen und sich aufrichten lassen

Den Frühling feiern in Gemeinschaft
eintauchen in die Erinnerung
dass Befreiung möglich ist
aus Fremdbestimmung und Unterdrückung

Mit allen Sinnen

Christa Spannbauer

Unser Leben findet hier und jetzt statt. Nicht im Gestern und nicht im Morgen. Wir wissen es. Und leben doch nicht danach. Wie oft sinnen wir über Ereignisse in der Vergangenheit nach, die wir nicht mehr ändern können, und spekulieren über die Zukunft, auf die wir letztlich keinen Einfluss haben? Wie oft scheint unser Leben irgendwo anders stattzufinden, nur nicht da, wo wir gerade sind? Und während wir noch auf die großen Momente des Lebens warten, zieht unser einzigartiges Leben unbeachtet an uns vorüber.

Zweifelsohne erfordert es Geduld und Entschlossenheit, sich immer wieder ins Hier und Jetzt zu holen, die Aufmerksamkeit gezielt auf das zu richten, was in diesem Augenblick geschieht, achtsam bei dem zu sein, was gerade ist und was wir gerade tun. Doch es lohnt sich! Denn nur so können wir die ganze Intensität des Lebens wahrnehmen und die vielen Geschenke, die der Augenblick für uns bereithält, auskosten.

Halten Sie heute immer mal wieder einen kurzen Moment inne und fragen Sie sich: Bin ich gerade wirklich anwesend in meinem Leben? Bin ich mit meinen Gedanken und Gefühlen bei dem, was ich in diesem Augenblick tue? Kann ich meinen Körper spüren oder lebe ich gerade unachtsam neben diesem her? Holen Sie sich und Ihre Aufmerksamkeit immer wieder geduldig in die gegenwärtige Stunde zurück, in diesen einen Augenblick, in dem sich Ihr wundervolles und einzigartiges Leben vollzieht. Schauen Sie, lauschen Sie, riechen Sie, schmecken Sie, spüren Sie mit allen Sinnen das Leben!

Köstlicher Augenblick

Anselm Grün

Ein alter Zenmönch fühlt seinen Tod nahen und sagt seinen Novizen, dass er in den nächsten Stunden sterben wird. Sie versammeln sich um sein Lager, nur sein Lieblingsschüler geht auf den Markt, um einen Kuchen zu holen. Er weiß, dass sein Meister den besonders liebt. Als er in die Zelle zurückkommt, schlägt der Mönch die Augen auf: »Endlich!« Er lässt sich ein Stück reichen und verzehrt es mit großem Genuss. Die Schüler sind verwirrt. Und einer fragt: »Meister, was willst Du uns noch sagen? Was ist Deine wichtigste Lehre?« Der Alte macht die Augen noch einmal auf und sagt, jedes Wort betonend: »Dieser Kuchen schmeckt vorzüglich.« (Zengeschichte aus Japan)

Die Geschichte vom Zenmeister, der im Sterben liegt, widerspricht unserer Einstellung zum Tod. Manche meinen, wir müssten vor dem Tod die Menschen ermahnen, richtig zu leben. Andere verfallen in Traurigkeit, wenn sie einen Menschen sterben sehen. Doch der alte Zenmeister lehrt seine Jünger nicht, was sie alles beachten sollen, damit sie gute Mönche werden. Er genießt im letzten Augenblick seines Lebens den Kuchen. Und sein letztes Wort ist: »Dieser Kuchen schmeckt vorzüglich.« Der Tod soll uns einladen, das Leben zu genießen. Das bedeutet nicht, dass wir möglichst viel Vergnügen erleben müssen. Vielmehr bedeutet es, jeden Augenblick bewusst zu erleben und zu genießen. Wenn du ganz in dem bist, was du gerade tust, dann schmeckt das Leben vorzüglich. Dann hast du in diesem Augenblick alles, was du brauchst. Du lebst wirklich. Das Genießen des Kuchens ist Ausdruck dieser Haltung. Ich genieße jetzt in diesem Augenblick, was Gott mir gerade schenkt: einen guten Kuchen, ein gutes Gespräch, eine Begegnung, die mein Herz erfreut. Der Tod will uns einladen, wirklich zu leben. Und zum Leben gehört auch das Genießen: dankbar genießen, was Gott mir gerade in diesem Augenblick schenkt.

Der erste Tag
in himmelsgrün
Von der Kraft der Hoffnung

Aprilabendhalleluja

Susanne Niemeyer

Die erste Suppe nach schwerer Krankheit
Der erste Kuss, noch ungelenk
Der erste Schritt in andere Richtung
Der erste Morgen nach endloser Nacht

Das erste Ufer nach langer Irrfahrt
Die erste Schwalbe, schwerelos
Das erste Erdbeereis aus der Waffel
Das erste Lied nach Halskatarrh

Das erste Wort nach kaltem Schweigen
Die erste Haut nach Winterwolle
Das erste Leben in toter Erde
Der erste Tag in himmelsgrün

Quelle des Lebens

Philipp Meyer

Man weiß natürlich nie, wer in den Beichtstuhl hineinkommt, wenn die Tür aufgeht. Vor einiger Zeit durfte ich etwas ganz Besonderes erleben. Die Tür ging auf und ein älterer Herr schob eine noch viel ältere Dame im Rollstuhl in das Beichtzimmer. Er stellte sich als der Sohn der weit über neunzigjährigen Frau vor. Die Frau wollte noch einmal über ihr Leben reflektieren, weil sie spürte, dass der Tod nahe war. Vor allem ging es ihr aber um die Frage, und das hat mich wirklich umgehauen, ob Gott gnädig ist, ob er barmherzig ist. Sie erzählte mir von dem Gottesbild eines unnachgiebig gerechten Richters, der vom Thron her Recht spricht und alles aufdecken wird und dann straft, wie es das Recht vorsieht. Dieses Bild hat ihr Leben geprägt und sie schien mir sehr aufgelöst. Schließlich versuchte ich, sie zu beruhigen und ihr klarzumachen, dass dieses Gottesbild eine Schlagseite hat, also zu einseitig dargestellt ist. Natürlich ist Christus auch der Richter über die Lebenden und die Toten, wie wir es im Credo bekennen oder wie es uns zum Beispiel das Matthäusevangelium in Jesu Gerichtsrede (Mt 25,31–46) überliefert. Aber es gilt, in der Seelsorge und in der Verkündigung besonnen mit diesem Bild umzugehen; noch viel wichtiger ist es, und ich möchte jetzt bewusst mit einem Schlagwort arbeiten, aus der Frohbotschaft keine Drohbotschaft zu machen. Konkret heißt die Frage: Wie verkündet Christus sich selbst und wie verkündet ihn die Kirche? Jedes überzogene Bild hat immer mehr mit dem Verkündiger als mit Christus zu tun. Wo Fragen entstehen und Bilder nicht mehr klar sind, ist es die Aufgabe der Verkündigung, diese Bilder darzulegen und aus ihrem Kontext heraus zu deuten und damit fruchtbar zu machen, ohne die Bedeutung zu schmälern oder gar umzudeuten oder zu verharmlosen. Alles andere hat sonst möglicherweise auch schwerwiegende Folgen, was ich wiederum in meinem Gespräch mit der Frau deutlich spürte. Nachdem ich der Frau dann von der

Barmherzigkeit und Geduld Gottes erzählte, fragte sie mich: »Herr Pater, glauben Sie das wirklich?« Nach einem kurzen Innehalten sagte ich ihr aus echter Überzeugung: »Ja, das glaube, nein, das *weiß* ich aus tiefstem Herzen.« Am Ende bat mich die Frau um den Segen und ich sollte ihr die Hände auflegen und mir kamen die Tränen, denen ich, nachdem die Frau dann wieder weg war, freien Lauf lassen musste. Dies war wohl die bisher tiefste Erfahrung in einem Seelsorgegespräch, in der ja letztlich Christus der Kommunikator ist, der gegenwärtig ist, mit dem gesprochen wird und der die Antwort geben will. Vor jeder Beichte bete ich, dass ich Christus verkünden möge und in der Lage bin, sein Wort der Barmherzigkeit so zu kommunizieren, dass Menschen von dieser Lebensquelle satt werden. Dieses Gespräch war für mich ein unwahrscheinlich froher und tiefer Augenblick der Gewissheit, auch selbst – aus Gnade – für andere zur Quelle werden zu können, wie es in unserer Gebetsbitte formuliert ist.

Einsicht

Jana Highholder

Manchmal, wenn ich nachts im Auto sitze, fahre und mir ein Auto entgegenkommt, habe ich diesen einen Gedanken, das Bewusstsein darüber, dass ich das Passieren des Autos nur oder nur dann folgenlos überleben und weiterfahren werde, wenn und weil die Person, die in dem Auto sitzt und lenkt, leben möchte. Ich bin in diesen Sekunden vollkommen auf den Willen des anderen angewiesen und abhängig von einem Einvernehmen, das niemals als solches ausgesprochen wurde. Mein Leben liegt in diesem Moment in den Händen eines anderen.

Glaube ist etwas für die Schwachen, höre ich die Menschen sagen. Zum Glauben finden, das geschieht häufig an den Punkten im Leben, an denen man selbst nicht mehr weiterkommt, es klar wird, dass da nichts mehr an menschlichem Tun zu leisten ist, dass sich nichts mehr ändern wird, nur weil ich will. Als ich Krebs hatte, da hätten meine Eltern alles getan, um mich zu heilen, viel mehr noch, sie hätten die Krankheit auf sich genommen, damit ich gesund werde. Aber es ging nicht. In jungen Jahren stand ich an diesem Punkt in meinem Leben, an den manche Menschen erst viel später kommen: an dem Punkt der Einsicht: Du, Mensch, kannst hier nichts mehr tun, das Leben liegt nicht in deiner Hand. Deswegen sage ich: Glaube ist nicht etwas für die Schwachen, sondern für die Einsichtigen, für jene, die verstehen, dass sie nichts in ihren Händen halten, auch wenn das so scheint. Daran erinnert mich das Autofahren, an eine Illusion von Kontrolle.

Ich bin dankbar dafür, dass meine Krankheit mich in einzigartiger Weise geprägt, geformt und Spuren hinterlassen hat. Ganz früh schon habe ich eine Perspektive auf das Leben bekommen, wie ich sie allen Menschen wünsche, denn wer am nächsten Morgen aufwachen würde, das war nie sicher, und so war jeder Tag ein echtes Geschenk, wahre Freude. Das Leben gewinnt nicht an Wert, nur weil und wenn einem Menschen seine Unsicherheit bewusst wird, nein, im Gegenteil, es entfaltet den Wert, den es hat und den wir ihm viel zu selten und viel zu wenig zuschreiben. Es zeigt sich in all seinen Facetten und Möglichkeiten, in seiner Lust auf Zukunft und Begeisterung an der Gegenwart. In Anbetracht eines Endes fällt einem auf, was man noch alles machen wollte, im Schein der schier unendlichen Tage wird das Geschenk zur Gewohnheit degradiert und das Morgen erscheint selbstverständlich.

Ich stand schon da an diesem Punkt der Einsicht. Es hat mich nicht deprimiert hinterlassen, gequält von dem Gedanken, dass alles sinnlos sei, nein, ich habe mich fallenlassen in die Hände eines anderen, in die Abhängigkeit von seinem Willen und in ein Einvernehmen, dem ich nur noch zustimmen musste. Vertrauen und Liebe fangen dort an, wo der Versuch, Kontrolle zu behalten, aufhört, vielleicht sogar scheitert oder bewusst kapituliert – aus Einsicht. Aus meiner Illusion von Kontrolle wurde Gewissheit darüber, dass mein Leben sicher ist – in der Hand eines anderen.

Vom Lindenduft

Susanne Niemeyer

Bitte erzähl mir von der Auferstehung. Erzähl mir mitten im Sommer, wenn die Linden rauschen. Erzähl mir, wie sie in den Himmel wachsen, ihre Arme ausbreiten und blau machen. Erzähl mir von der Weite jenseits meines kleinen Kopfes, der gut funktioniert, aber nicht alles weiß. Er liebt es, Dinge zu ordnen. Er liebt es, Dinge zu wissen. Dabei vergisst er manchmal, über sich hinauszuschauen. Manchmal ist er ein Hochstapler. Dann besteht er darauf, nur zu glauben, was er sieht. Ach, Kleiner, und was ist mit der Liebe, der Poesie und was ist mit den Träumen? Kannst du die etwa sehen?

Genauso wenig kann er erklären, wie ein Hybridmotor funktioniert oder warum Strom fließt. Er glaubt, was andere wissen; darum erzähl mir. Erzähl mir vom Horizont, der längst nicht endet, wo mein Blickfeld endet. Erzähl von Pusteblumen, die hinüberwehen von dem einen Leben ins andere. Erzähl von Regenbögen und Vergissmeinnicht, von Himmelsleuchten und allem anderen, was das Leben aufbietet, um zu zeigen: Es geht weiter. Dummerchen, sieh nur: Es geht weiter, als du denkst. Das hier ist erst die Vorschau!

Erzähl mir von der Auferstehung, damit ich nicht vergesse. Damit ich nicht vergesse, was sein könnte, wenn mein Blick nicht am Boden klebt, hängen bleibt an ungeputzten Schuhen, Gullydeckeln und allen Abgründen dieser Welt. Erzähl mir, damit ich mein Gesicht in das Leuchten der Geschichten halte, Sonne für dunkle Tage, immer da.

Erzähl mir, wen die Heckenrosen betören mit ihrem Duft und wie der Weizen sich wiegt. Erzähl mir jetzt, gerade jetzt, wenn die Erde satt ist und der Himmel seine Wolken aufschüttelt. Erzähl mir, wenn die Seen glitzern und Nachtigallen den Morgen rufen. Erzähl von dem, was offenbar ist, denn wir müssen uns erinnern, einer die andere, alle einander, damit wir nicht vergessen und auch nicht den Mut verlieren, über uns hinauszusehen. Damit wir wagen zu glauben. Damit wir erinnern, was uns verheißen ist: Das Leben ist schön, aber wir brauchen es nicht auszuschöpfen. Wir brauchen nicht gierig zu schlingen, wir dürfen etwas verpassen, liegen lassen, ungenutzt. Das Leben geht weiter als unser Kalender. Es hält sich nicht mal daran. Aber was macht das schon, wenn du erzählst: Es kommt noch was. Es gibt einen Nachschlag, keine Angst, wir werden satt, einmal für immer. Erzähl mir, damit ich genug habe, wenn andere Tage kommen.

Erzähl mir von der Auferstehung, denn am Anfang da war das Wort. Es schläft in uns, wir können es wecken. Erzähl die alten Geschichten und erzähl die neuen dazu. Wir brauchen sie, um zu überleben. Einer kann vergessen. Eine kann verstummen. Einem kann die Stimme versagen. Aber viele sind ein Chor. Der singt von Ewigkeit zu Ewigkeit, mitten im Sommer, wenn die Linden rauschen und der Winter fern ist. Erzähl mir …

Die Macht der Glocken

Heiner Wilmer

Der Platz vor dem Hildesheimer Dom war wie leer-
gefegt: Die Kathedrale lag still da, kaum eine Men-
schenseele zu sehen. Es war kurz vor 9 Uhr am
Abend und ich betrat das sandfarbene Pflastermeer,
das den Domhof bildet. Ich war eine Stunde gegangen, um den Kopf freizubekommen, und nun auf
dem Weg nach Hause.

Durch das Paulustor hatte ich den Domplatz be-
treten. Ich wollte noch etwas die Stille und die Lee-
re auf mich wirken lassen und setzte mich auf eine
Bank in der Nähe des Bischofshauses: der zweistu-
fige romanische Westbau des Doms rechts von mir,
die Natursteinfassade, der gewaltige Vierungsturm,
die Bäume im Augenwinkel. Lampenlicht begann
sich auf den cyanfarbenen Kupferdächern abzu-
zeichnen und unterstrich den Tag.

So saß ich eine Weile, das Schwarz und das Violett
des Tages abgelegt. In blauer alter Jeans und mit ol-

lem Hemd, von der Sonne verfärbter Jacke, abgetragenen Schuhen.

Da entdecke ich eine Frau, grüße sie. »Schon spezielle Zeiten «, meine ich. »Ja, das stimmt«, antwortet sie. Ich stehe auf, will weiter, doch wir kommen ins Gespräch. »Wohnen Sie in der Nähe?«, frage ich. »Ja«, und nennt die Adresse, es ist wirklich direkt um die Ecke. Die Frau blickt zum Dom und sagt: »Ich bin oft hier um diese Zeit. Die lassen hier abends um neun immer die Glocken läuten – und ich brauche das.« Ich nicke und sie fügt hinzu: »Wissen Sie, der da oben, der macht mich immuner als alles andere.« Ich widerspreche und weise darauf hin, wie wichtig Hygiene und Sicherheit und entsprechende Maßnahmen seien. Dass wir aufpassen müssten, Abstand halten und Hände waschen, vorsichtig sein. Die Frau nickt und meint, sie sei keine Schwärmerin. Und erklärt dann noch einmal, voller Überzeugung: »Alles richtig, alles richtig: Aber ich werde gestärkt von dem da oben, und das Glockengeläut erinnert mich daran.«

Sie öffnet auf einmal die Arme und sagt mit kräftiger und deutlich werdender Stimme: »Das gibt mir Weite, das gibt mir Raum und Kraft. Und das brauche ich.« Sie schaut mich noch einmal an, zögert jetzt, fragt: »Ihre Stimme, Ihre Stimme ... kann das sein: Sind Sie unser Bischof?« In dem Augenblick läutet mein Telefon – doch die Glocken sind lauter.

Ich telefoniere, nur kurz. Der Gesprächspartner war kaum zu verstehen. Die Glocken läuten noch, als ich auflege. Die Frau steht weiter da und lauscht. Wenige Tage vorher hatte sich an Palmsonntag ein Klangteppich über das ganze Land gelegt, eine ökumenische Aktion. Die Glocken großer Dome und kleiner Kapellen hatten zusammen ein Lied der Hoffnung angestimmt, um die Menschen hören zu lassen, dass Ostern nicht weit ist. Dass keiner allein ist. Die Glocken erreichen die Menschen, auch wenn sie ihre Häuser nicht verlassen können und selbst, wenn sie nicht einmal Blick haben auf einen Kirchturm. Dann spüren sie trotzdem durch das Geläut die Verbindung, man könnte sagen: Beim Glockenklang werden alle eins. An dem Abend in Hildesheim verstummen nach fünf Minuten die Glocken unseres Doms, und ich winke der Frau zum Abschied zu. Sie winkt erst und zögert dann, fragt noch einmal etwas. Wir unterhalten uns, wo sie herkommt, was sie macht, schließlich sagt sie: »Ach, wissen Sie: Ich gehöre ja zu Michaelis.« Michaelis ist die evangelisch-lutherische Kirche, nicht weit entfernt vom Dom. Beide gehören sie zum gemeinsamen Weltkulturerbe in Hildesheim.

Diese Begegnung hat mir einige Dinge vor Augen geführt. Zunächst einmal etwas Simples: Hoffnung kennt keine Konfession. Strenggenommen bin ich natürlich nicht »ihr« Bischof und der Dom ist nicht »ihre« Kirche. Doch wie egal ist das, gerade in schweren Zeiten? Sie hatte mich ja nicht einmal erkannt, war nur wegen der Glocken gekommen.

Wir hatten im Gespräch Gemeinsamkeiten entdeckt, sogar einen gemeinsamen Bekannten. Von ihm hatte sie sich etwas abgeschaut, von seiner Art zu predigen, und festgestellt: »Wissen Sie, ich brauche Weite. Ich brauche die Kraft von oben, den Raum im Inneren, um wachsen zu können.« Der Klang der Glocken war für sie Klang der Hoffnung und Klang der Weite. Und ich staunte über etwas, was ich vorher so präsent selten wahrgenommen hatte: die machtvolle Kunst der Glocken.

Ich wünsche euch ...

Teresa Zukic

Ich wünsche euch das Allerbeste.
Und ein Leben voller Feste.
Einen Tag so voller Kraft,
voll Liebe und voll Leidenschaft.
Einen Tag, leicht, ohne Sorgen.
Bleibt heiter heut und ganz geborgen.
Glaubt und lebt in Zuversicht.
Unser Gott verlässt uns nicht.

Das **Herz** weitet sich
Vom Aufblühen der Liebe

Das Herz weitet sich

Christa Spilling-Nöker

Sonnenstrahlen
durchfunkeln den Tag,
trocknen Tränen;
staunend öffnen sich
enge Räume
zu Sälen des Glücks,
das Herz weitet sich
und in zartem Blumenduft
blüht die Liebe
voll auf.

Wahre Liebe

Teresa Zukic

Für mich ist die Liebe das Schönste, für das es sich zu leben lohnt. Mein Ziel ist es, der vollkommenen Liebe entgegenzutreten. Der puren Liebe nahezukommen. Der göttlichen Liebe zu begegnen und in ihr zu verschwinden. Bis dahin möge sie mich täglich lehren, in lebensbejahender Zuversicht zu leben und den Tod und das Loslassen nicht zu fürchten.

Liebe, davon bin ich fest überzeugt, kann verändern, heilen und sogar Wunder vollbringen. Sie ist stärker als Angst und stärker als der Tod, heißt es in der Bibel. Liebe lässt leben, lässt los und lässt zu. Sie nimmt nicht, sondern gibt. Sie erweckt. Sie ist mutig, geheimnisvoll und unbegreiflich. Sie verhält sich nicht logisch. Sie ist bedingungslos. Sie ist eine Urkraft. Sie ist der Höhepunkt menschlicher Sehnsucht. Die Liebe ist noch größer als das Gefühl, angenommen zu sein und heimzukommen. Denn wer geliebt wird, lernt lieben. Lernt sich anzunehmen. Lernt zu vergeben, zu wachsen, sich zu überwinden. Wer liebt, macht sich verletzlich. Wer liebt, kann retten oder alles verlieren. Wahre Liebe ist mutig. Und manchmal genügt ein Augenblick, eine Entscheidung, um alles zu verändern.

Die Geschichte der Tulpe

Wolfgang Öxler

An einem Mittwoch fühlte sich die Tulpe gar nicht gut. Das Wetter war unfreundlich, und ihr war lausekalt, besonders am Stengel. »Heut habe ich zu«, dachte die Tulpe und ließ ihre Blüte geschlossen. »Was ist denn los?«, fragte die Hummel. »Geschlossen«, sagte die Tulpe. Die beiden Bienen wunderten sich auch: »Warum sind ihre Blätter nicht geöffnet?« Das Getier ging der Blume auf die Nerven. Und wer an diesem Tage auch kam, die Schwebfliege oder der Schmetterling, die Tulpe war nicht dazu zu bewegen, ihre Blüte zu öffnen. Viele Vorschläge wurden eingebracht. Von Durchkitzeln bis Draufsetzen war alles dabei. Da kam der alte Maikäfer. Er hatte einen guten Einfall: Jeder sollte der Tulpe etwas Nettes sagen. »Wie schön du bist«, fing da der Marienkäfer an zu schwärmen. »Und so ein edler Stiel!«, summten die Bienen. »Seht mal das Rot ihrer Blütenblätter«, sagte der Schmetterling bewundernd.

Ein Kompliment folgte aufs andere. Hätte die Tulpe nicht schon rote Blütenblätter gehabt, sie wäre errötet. »So schlecht ist dieser Tag eigentlich doch nicht«, murmelte die Tulpe vor sich hin, »was die Tierchen für nette Sachen sagen!« Irgendwann hielt sie es nicht mehr aus, tat einen leisen Seufzer und öffnete ihre Blüte. Da beglückwünschten alle den Maikäfer zu seiner guten Idee.

Es liegt in meiner Entscheidung, mich dem Leben zu öffnen und zu blühen. Es liegt auch in meiner Entscheidung, ob ich mich dem Leben verweigere und Liebe schuldig bleibe. Wer ständig verschlossen ist, wird einsam. Manche Menschen kommen zu mir und sagen: »Unter anderen Umständen könnte ich auch blühen. Wenn ich zum Beispiel einen besseren Chef hätte oder über mehr Geld verfügen könnte.« Aber man tut gut daran, sich nicht von bestimmten Bedingungen abhängig oder zum Opfer der Verhältnisse zu machen, sondern nach Kräften an dem Platz zu blühen, an dem man steht.

Kann die Tulpe sagen »Für gute Menschen will ich meinen Duft verströmen, doch vor bösartigen halte ich ihn zurück«? Nein, die Blume fragt nicht, für wen sie blühen soll, sie blüht einfach. Der Baum fragt nicht, wer seine Früchte pflücken wird, er trägt sie einfach. Wir Menschen fragen immer wieder nach dem Warum, Wofür und Wozu. Warum soll ich einen Gottesdienst mitfeiern, was habe ich davon? In unserer Gesellschaft ist vieles auf einen Nutzen ausgerichtet. Alles hat nur einen Wert, wenn es zweckmäßig oder verkäuflich ist. Einen ganz ähnlichen Gedanken hatte schon der Mystiker Meister Eckhart, und Angelus Silesius schrieb später in einem Gedicht:

»Die Ros ist ohn Warum,
sie blühet, weil sie blühet.
Sie acht nicht ihrer selbst,
fragt nicht, ob man sie siehet.«

Ändere dich nicht!

Anthony de Mello

Jahrelang war ich neurotisch. Ich war ängstlich und depressiv und selbstsüchtig. Und jeder sagte mir immer wieder, ich sollte mich ändern. Und jeder sagte mir immer wieder, wie neurotisch ich sei.

Und sie waren mir zuwider und ich pflichtete ihnen doch bei und ich wollte mich ändern, aber ich brachte es nicht fertig, so sehr ich mich auch bemühte.

Was mich am meisten schmerzte, war, dass mein bester Freund mir auch immer wieder sagte, wie neurotisch ich sei. Auch er wiederholte immer wieder, ich sollte mich ändern. Und auch ihm pflichtete ich bei, aber zuwider wurde er mir nicht, das brachte ich nicht fertig. Ich fühlte mich so machtlos und gefangen.

Dann sagte er mir eines Tages: »Ändere dich nicht. Bleib, wie du bist. Es ist wirklich nicht wichtig, ob du dich änderst oder nicht. Ich liebe dich so, wie du bist. So ist es nun einmal.«

Diese Worte klangen wie Musik in meinen Ohren:
‚Ändere dich nicht, andere dich nicht ... Ich liebe
dich.'
Und ich entspannte mich und ich wurde lebendig
und Wunder über Wunder: Ich änderte mich!
Jetzt weiß ich, dass ich mich nicht wirklich ändern
konnte, bis ich jemanden fand, der mich liebte, ob
ich mich nun änderte oder nicht.

Was ist die erste Liebe?

Teresa Zukic

Lange hat mir diese Frage keine Ruhe gelassen. Wenn die Bibel uns vorwirft, »die erste Liebe verlassen« zu haben (Offb 2,4), dann frage ich mich ernsthaft:

Was ist die erste Liebe? Wenn zwei Menschen sich lieben, erkennt man diese Liebe an der Sprache des Herzens. Ihre Liebe zeigt sich sogar, wenn sie miteinander schweigen. Die erste Liebe ist eine Liebe, bei der man ohne den anderen nicht sein kann, die nur das Glücklichsein des anderen im Sinn hat und gibt, ohne zu rechnen. Die erste Liebe braucht nicht immer ein Gefühl zu sein. Sie kann auch eine aus dem Herzen kommende Entscheidung sein.

Was ist aber die erste Liebe Gott gegenüber? Leben wir nicht alle mit der Vorstellung, dass wir immer erst etwas leisten müssen, um etwas zu bekommen? Dass es an unserem Verhalten liegt, ob wir von anderen Menschen geliebt werden? Gerne übertragen wir dieses Denken auf unsere Beziehung zu Gott. Wir denken, dass wir pausenlos gute Werke tun und liebevoll sein müssen, um Gott zu gefallen und um später vielleicht in den Himmel zu kommen. Im Mittelalter meinten viele Menschen sogar, sich mit Ablässen den Himmel erkaufen oder mit Bußübungen und Selbstkasteiungen das Herz Gottes bewegen zu können. In allen Religionen gilt es, Gebote und Vorschriften zu erfüllen. Meister darin waren zur Zeit Jesu die Schriftgelehrten und Pharisäer. Es wäre zu klein gedacht, und sicher würden wir vielen Menschen Unrecht tun, wenn wir ihnen falsche Motive unterstellen würden. Ihr schlechter Ruf tut ihnen unrecht. Voll Eifer brannten sie für ihren Gott und wollten am liebsten Gottes Musterkinder sein. Sie wollten ihn von ganzem Herzen und ganzer Seele lieben und ihm dienen, indem sie versuchten, alle Vorschriften bis ins Kleinste zu erfüllen. Dass Jesus so oft bei diesen »Musterkindern« aneckte, lag daran, dass sie fest davon überzeugt waren, dass sie den absolut richtigen

Maßstab für ihr geistliches Leben besaßen. Ja, sie vertraten sogar die Überzeugung, dass sie nicht nur ihr eigenes, sondern auch das geistige Leben jedes anderen messen und bewerten konnten: Die ernsten Schriftgelehrten führten endlos lange Listen mit religiösen Pflichten. Wer es schaffte, alle vermeintlichen religiösen Pflichten perfekt einzuhalten, war in ihren Augen ein guter Gläubiger und Gott hatte ihn lieb. Wer das nicht schaffte (und das waren die meisten), der war ein schlechter Gläubiger und weniger von Gott geliebt. Sie konzentrierten sich zu sehr auf Äußerlichkeiten.

Solche »Pharisäer« gibt es immer noch und falsch verstandene und praktizierte Spiritualität ist bis heute eine der Hauptursachen für menschliche Qualen. Tagaus, tagein kontrollieren sie andere Menschen und ermahnen sie, »bessere Gläubige« zu werden. Damit machen sie sich und anderen Menschen das Leben schwer. Zum Glück äußerte sich Jesus ganz deutlich, als Er gefragt wurde, was das größte Gebot sei: »Meister, welches Gebot im Gesetz ist das wichtigste? Er antwortete ihm: ‚Du sollst den Herrn, deinen Gott, lieben mit deinem ganzen Herzen und mit deiner ganzen Seele und mit deiner ganzen Vernunft. Das ist das wichtigste und erste Gebot.‘ Das zweite ist ihm gleich: ‚Du sollst deinen Nächsten lieben wie dich selbst.‘ An diesen beiden Geboten hängen das ganze Gesetz und die Propheten.« (Mt 22, 36–40)

Wenn wir uns nach Jesus richten, dann ist der richtige Maßstab die Liebe – die Liebe zu Gott und den Menschen.

Es braucht Freunde

Andrea Schwarz

Allein sein – auf sich verwiesen sein, für alles da sein müssen, vom tropfenden Wasserhahn bis hin zur Steuererklärung, sich ganz alleine aufraffen müssen, ins Kino zu gehen, zu wandern, ins Schwimmbad. Keiner, der zuhört, niemand, der ein tröstendes Wort sagt, niemand, der nachfragt: Wie geht es dir? Zu zweit sein – da ist einer, der mitdenkt, einer, dem ich nicht egal bin, einer, der mir den Rücken freihält. Da ist einer, der ein gutes Wort für mich hat, einer, der mich ermutigt, aber auch mal konfrontiert, wenn es nötig ist, da ist einer, der für mich ist, mit dem ich verbunden bin. Das ist das, was ich mit Freundschaft verbinde.

Freundschaft, das ist Heimat, das ist Geborgenheit – und nur aus solch einer Geborgenheit heraus kann ich mich in die Fremde wagen. Und im Gegensatz zum Verliebtsein verliert sich die Freundschaft nicht in sich selbst, sondern ist in der Regel auf ein gemeinsames Drittes ausgerichtet, auf gemeinsame Interessen, ein Ziel, eine gewisse Idee vom Leben. Und dort, wo Liebe nicht um ihrer selbst willen gelebt und geliebt wird, wo Liebe nicht exklusiv, sondern inklusiv ist, die Umwelt miteinbezieht, kann Freundschaft das entscheidende Band einer Partnerschaft sein.

Mit einem Freund an der Seite ist kein Weg zu lang, so sagt es ein altes Sprichwort. Mit einem Freund an der Seite trau ich mich, die verrücktesten Sachen zu tun, mit einem Freund an der Seite kann ich hinstehen, für eine Sache einstehen. Ein Freund, das ist einer, der mich trägt, wenn ich nicht mehr kann – und der mir offen sagt, wenn er an Grenzen kommt. Das ist einer, bei dem ich weinen kann – und der weiß, wann es notwendig ist, mich in den Arm zu nehmen. Das ist einer, der sich mir zumuten kann – und der mich auch aushält. Das ist ein Miteinander – und das ist nicht nur die gegenseitige Ermutigung, sondern auch die gegenseitige Korrektur. Da erinnert man sich gegenseitig an den Auftrag, an die Idee – und kann den anderen liebevoll darauf hinweisen, wenn er seine »Vollmacht« nicht in den Dienst der Menschen stellt, sondern im Sinne vermeintlichen Erfolgs missbraucht.

Christsein – ich glaube, das geht alleine gar nicht. Es braucht die anderen, die mit mir auf dem Weg sind, die mit mir ausgerichtet sind auf diesen Gott. Es braucht die anderen, damit ich die Radikalität dieses Gottes aushalten kann, es braucht die anderen, damit ich mich senden lassen kann, mich in seinen Dienst stellen kann. Es braucht die Freunde, die mir den Mut geben, die Nähe schenken, damit ich mich selbstlos und vorbehaltlos in den Dienst der Menschen stellen kann – und meinen Dienst nicht dazu missbrauche, Menschen deshalb zu helfen, um geliebt zu werden.

Es braucht die Freunde, damit ich selbst ein bisschen besser Mensch sein kann.

Dolmetscherin der Liebe

Wolfgang Öxler

Wenn Jesus sagt: »Liebt einander, wie ich euch geliebt habe«, dann heißt das auch, die Menschen nicht mehr in Gut und Böse einzuteilen. Nicht meinen, ich müsste für die Guten duften und die Schlechten hätten es sowieso nicht verdient. Da verdufte ich mich lieber. Die Blume verströmt ihren Duft, ganz gleich, ob es jemanden gibt, der ihren Geruch genießt oder nicht.

Mahatma Gandhi wurde einmal von christlichen Missionaren in Indien besucht. Sie wollten von ihm wissen, was sie tun müssten, um den Indern Jesus nahezubringen. »Denken Sie an das Geheimnis der Rose«, meinte Gandhi. »Sie tut gar nichts, aber sie duftet. Und deshalb wird sie von allen geliebt. Duften Sie also, meine Herren!«

Wir sind für das verantwortlich, was wir ausstrahlen. Und es geht immer etwas von uns aus: Wohlwollen, Abneigung, Hass oder auch Mitgefühl. Liebe beginnt nicht beim Wort und bei der Umarmung, sie beginnt bei unserer inneren Haltung. Wer nicht lieben kann, kann sich nicht öffnen. Er kann dann auch nicht blühen und reifen. Was wir am Ende unseres Lebens in Händen halten, sind nicht Leistungen und Werke, sondern ein Bewusstsein dessen, wie viel wir bedingungslos geliebt haben — ohne Warum.

So ergeht heute auch an dich die Einladung: Dufte! Die Blume ist die Dolmetscherin der Liebe. Sie spricht in allen Sprachen und wird in allen Sprachen verstanden. Verschenke doch ein Kompliment, verpackt in einer Blume, und bring damit vielleicht einen Menschen in deiner Nähe zum Blühen.

Ich **lieb** ein pulsierendes Leben
Von der Neugier und vom Glück

Ich lieb ein pulsierendes Leben

Rainer Maria Rilke

Ich lieb ein pulsierendes Leben,
das prickelt und schwellet und quillt,
ein ewiges Senken und Heben,
ein Sehnen, das niemals sich stillt.

Ein stetiges Wogen und Wagen
auf schwanker, gefährlicher Bahn,
von den Wellen des Glückes getragen
im leichten, gebrechlichen Kahn ....

Und senkt einst die Göttin die Waage,
zerreißt sie, was mild sie gewebt, –
ich schließe die Augen und sage:
Ich habe geliebt und gelebt!

Risiko

Susanne Niemeyer

Hallo Eva,
du bist die Mutter der Neugier.
Du willst Erkenntnis.
Manche nennen das Sünde.
Ich glaube, sie nehmen dir übel, dass du sie aus ihrem kleinen Paradies vertrieben hast, in dem alles zusammenpasst und es keine Zwischentöne gibt. Zwischentöne sind ihnen unheimlich. Wie wenn man es nachts im Wald knacken und wispern hört und nicht weiß, ob das Tier, das da ruft, gefährlich ist.
Schlangen können gefährlich sein. Ich bin bisher nur auf Ringelnattern und Blindschleichen getroffen. Die tun nichts.
Im Paradies gab es gefährlichere Schlangen. Eigenartig, oder? Ich nehme dir nichts übel. Bei mir brauchst du dich nicht zu entschuldigen.
Ich glaube auch nicht, dass du naiv warst. Oder leicht verführbar. Womöglich hattest du einfach ein großes

Grundvertrauen. Du hast den Worten der Schlange geglaubt, ihren Argumenten, mit denen sie ja gar nicht falsch lag. Deine Neugier eröffnete einen neuen Horizont, der weiter ist als ein Kindheitsparadies. Du gabst die Sicherheit eines begrenzten Raums zugunsten der Freiheit auf. Ich hätte es genauso gemacht.

Ich weiß nicht, wie es sich im Paradies lebt, aber auf der Erde gefällt es mir gut. Ich trage deine Kleider auf, jene, die Gott euch damals gab, weil das Leben hier draußen manchmal ruppig und kalt sein kann. Sie halten immer noch warm. Wenn es so weit ist, werde auch ich sie weitergeben.

Mit deinem Wunsch nach Erkenntnis hast du eine Bewegung ausgelöst. So viele Menschen folgen dir. Sie stellen Fragen und suchen Antworten. Sie versuchen, Gut und Böse zu scheiden. Sie bauen hier auf der Erde am Himmel nach den Plänen deiner Erinnerung. Ich gehöre dazu.

Du hattest Mut, Gott kurz den Rücken zu kehren. Ich glaube, du wusstest, er wird nicht verschwinden,

wenn du woanders hinguckst. Wenn du die Welt
entdeckst.
Ich glaube, Gott ist gut darin, Rücken zu stärken.
Deine S.

Glückliche Ochsen?

Anselm Grün

»Wäre das Glück in den Freuden des Leibes, so dürften wir die Ochsen für glücklich halten, wenn sie wilde Zuckererbsen zu fressen finden.« Der antike griechische Philosoph Heraklit hat seine Philosophie vom Glück so drastisch ausgedrückt. Trotzdem hat er nicht ganz recht: Wenn ein Kind glücklich ist, drückt es das Glück im Leib aus. Das Glück ist leibhaft. Wenn wir uns wohl fühlen in unserem Leib, ist das schon eine Ahnung von Glück. Für Heraklit besteht das Glück nicht in den Freuden des Leibes. Ist das Ausdruck asketischer Leibverachtung? Ich denke nicht. Im Leib fühle ich mich glücklich, wenn ich in Beziehung bin mit meinem Leib, wenn mein Geist im Leib wohnt, wenn ich meinen Leib liebe und in diesem Leib mein Selbst. Nicht die Erfüllung leiblicher Bedürfnisse macht glücklich. Denn die kann auch zu einer Sucht werden, die zum Unglück führt. Nur wenn der Geist im Leib wohnt, wenn der Geist mit den Sinnen des Leibes schaut, hört, riecht, schmeckt und betastet, wird er das Glück leibhaft erleben. Aber zum Glück gehört immer auch die Grenze. Ich kann beim Schmecken einer süßen Speise Glück erfahren, aber nur, wenn ich ganz im Schmecken bin, ganz in diesem Augenblick. Wer alles in sich hineinschlingt, wer beim Essen Angst hat, zu kurz zu kommen, der kann nicht genießen. Genießen setzt Verzichten voraus, Glück die Askese.

Der Duft ist nicht die Blume selbst

Andrea Schwarz

Maria ist eine Pforte, wie sie manchmal in alten Gebeten auch beschrieben wird, zwischen Himmel und Erde, zwischen Gott und Mensch, und ist mit genau dieser Aufgabe wiederum Geschenk Gottes an uns Menschen.

Der Duft ist nicht die Blume selbst, aber er kann etwas von der Blume erzählen, der Geschmack ist nicht das Gericht selbst, aber er weiß etwas von dem Gericht, die heilende Wirkung ist nicht die Kraft selbst, aber kommt aus einer Kraft heraus. Der Klang und die Melodie sind nicht das Instrument, aber ohne Instrument kein Lied und kein Lied ohne Instrument, und sei es die eigene Stimme.

Und ehrlich gesagt, manchmal kann es uns Menschen auch ganz guttun, uns an Maria als Vermittlerin und Dolmetscherin zu wenden, an sie als Frau, die die Begegnung mit dem Göttlichen ausgehalten hat – und dabei alles Menschliche erlebt hat.

Manchmal kann es guttun, sie zu bitten, als eine Frau, der nichts Menschliches fremd ist, die vor dem Leid, dem Nicht-Verstehen nicht davongelaufen ist, sondern ausgeharrt hat – auch unter dem Kreuz. Deswegen tut uns Maria gut, deshalb soll uns Maria guttun: damit es uns gut geht.

...

Und vielleicht könnte man auch etwas lyrisch sagen: Wir sind eingeladen, Duft und Geschmack Gottes in dieser Welt zu sein, Klang und Melodie, Farbe und Gedicht, mit unserem Leben etwas von der Kraft Gottes zu erzählen. Den Himmel, den Glauben riechen, spüren, erfahren – und selbst zum Duft werden, der etwas von Gott erfahren und erleben lässt. Ich brauche nicht viele Worte zu machen, ich muss nicht groß reden, sondern einfach den Duft des Himmels und des Glaubens aus-strömen. Duften ... Christi Wohl-geruch sein. Und es gibt solche Menschen, die so etwas aus-strahlen. Wir finden sie in unserer

Kirche oft nicht im Vordergrund, sondern eher im Hintergrund: Menschen, die zupacken, wo Hilfe gebraucht wird, die nicht viele Worte darum machen, sondern einfach da sind. Menschen, denen man ihren Glauben glaubt – weil sie ihn leben.

Die Geschichte vom Löwenzahn

Wolfgang Öxler

Eine Frau beschloss einmal, einen Garten anzulegen.
Sie bereitete den Boden vor und streute die Samen
wunderschöner Blumen aus. Als die Saat aufging,
wuchs mit den Blumen aber auch der unerwünschte
Löwenzahn. Die Frau versuchte mit allen möglichen
Methoden, den Löwenzahn auszurotten, aber nichts
half. Schließlich machte sie sich auf, um in der fer-
nen Hauptstadt den Hofgärtner des Königs zu be-
fragen. Der weise alte Gärtner, der schon so manchen Park angelegt hatte, gab ihr viele Ratschläge,
wie der Löwenzahn loszuwerden sei. Aber was er
auch vorschlug, die Frau hatte alles schon erfolglos
probiert. So saßen die beiden eine Zeit lang ratlos
da, bis der Gärtner die Frau plötzlich anschaute und
sagte: »Wenn alles, was ich dir vorgeschlagen habe,
nichts genützt hat, dann gibt es nur einen Ausweg:
Lerne, den Löwenzahn zu lieben.«

...

Ich wünsche dir den Optimismus, der im Löwenzahn steckt. Seine Botschaft an uns ist: Gib nicht auf! Lass dich nicht begrenzen durch Krisen und die Angst vor dem Ungewissen. Der Löwenzahn wächst mit seinen quittegelben Blütenblättern zwischen Mauerstücken und am Straßenrand. Er findet auch noch Landeplätze, mit denen keiner gerechnet hätte. Er nutzt jede Gelegenheit, neues Land zu erobern, wo er sich entfalten kann. Der Löwenzahn hat Wurzeln, die bis über einen Meter tief in die Erde reichen. Sei auch du wie der Löwenzahn und lasse deine Wurzeln tief in die Erde wachsen. Der Löwenzahn möchte dich anspornen, Mut zu fassen und gerade auch in einer Umgebung zu gedeihen, in der die Herzen hart geworden sind. Hab Mut und sei voller Zuversicht!

Der Weg und das Ziel

Anselm Grün

*Ein junger Zenmönch fragte spitzfindig seinen Meister:
»Meister, muss man sich nicht erst verlaufen, um seinen
Zielort zu finden?« Der Meister erwiderte: »Seit ich kei-
nen Zielort mehr habe, verlaufe ich mich nicht mehr.«
(Aus Japan)*

Es ist typisch westlich, ein konkretes Ziel vor Augen
zu haben. Aber offensichtlich gibt es die Tendenz
auch in der Spiritualität des Ostens. Da denkt man
weniger an strategische Ziele, wie man sie mit der
Firma erreichen möchte. Doch man hat spirituelle
Ziele vor Augen. Man möchte auf diese oder jene
Stufe spiritueller Reife gelangen. Der Schüler stellt
seinem Meister eine durchaus sympathische Frage:
Muss man sich nicht erst einmal verlaufen, um seinen Zielort zu finden? Wir haben im Deutschen ja
auch das Sprichwort: Umwege erhöhen die Orts-
kenntnis. Manchmal muss man Fehler machen, um

innerlich weiterzukommen. Manchmal muss man Umwege gehen, um sein Ziel zu finden.

Doch der Meister gibt eine verblüffende Antwort. Er hat es aufgegeben, einen Zielort zu haben. Er lebt einfach im Augenblick. Er tut das, was gerade dran ist. Das genügt ihm. Und daher ist er auch nicht in Gefahr, sich zu verlaufen. Er ist immer gerade dort, wo er ist. Und wenn es ein vermeintlicher Umweg ist, so ist es für ihn kein Umweg. Denn er selber geht diesen Weg und macht auf diesem Weg die Erfahrung, die er gerade braucht. Diese paradoxe Aussage des Zenmeisters finde ich in den Worten Jesu wieder, die er uns in einem Gleichnis im Lukasevangelium vor Augen hält: »Wenn ihr alles getan habt, was euch befohlen wurde, sollt ihr sagen: Wir sind unnütze Sklaven; wir haben nur unsere Schuldigkeit getan.« (Lk 17,10) Wir sollen uns keine großen spirituellen Ziele setzen. Wir sollen uns auch nichts einbilden auf unseren spirituellen Weg. Wir sollen nur tun, was gerade dran ist, was wir dem Augenblick schulden. Das genügt.

Geteilte Freude

Notker Wolf

Es gibt ein paar Rituale, ein paar Liebgewonnenheiten, die ich immer beizubehalten versucht habe,
egal wo ich war. Es ging und geht mir dabei um Ausgelassenheit, um Erfülltsein, es geht mir um Freude
...

Zu der Freude fällt mir ein Bild ein, das sich sehr in
meinem Kopf verankert hat und das ganz fest mit
den Liebgewonnenheiten verbunden ist: Mit meiner
Schwester in die Berge zu gehen, mit ihr zu wandern, auf diesen Ausflügen mit ihr zu reden oder
auch zu schweigen und auf diese Weise in der Natur Zeit zu verbringen, das ist mir unendlich wichtig und kostbar. Merkwürdig, wenn ich diesen Satz
noch einmal lese, habe ich das Gefühl, er klingt ein
bisschen hochtrabend, zumindest wirkt er ein wenig
kompliziert und passt eigentlich gar nicht zu dem,
was wir tatsächlich tun und was wir dabei empfin-
den. Denn das, was wir in solchen Situationen er-

leben, das ist weder hochtrabend noch kompliziert, sondern schlicht die Sancta Simplicitas des Gefühls. Wir gehen in die Berge, so sagt man das bei uns, und unsere Freude beginnt schon vorher. Weil wir das tun, was uns guttut, weil wir mit dem Menschen zusammen sind, der uns guttut, weil wir – uns freuen. Wir freuen uns, und zwar nicht obwohl wir das schon so oft gemacht haben, sondern ganz einfach, weil wir es tun. Und wir spüren: Echte Freude kennt kein Verfallsdatum.

Ich liebe diese Bergwanderungen zusammen mit meiner Schwester. Und ich glaube, alles, was ich jetzt beschreibe, passt genau dazu – und zu vielem anderen. Zu vielem anderen und zu vielen anderen: zu anderen Momenten, in denen man eine Freude erlebt, aber auch zu Momenten, in denen man Einsamkeit spüren kann. Und noch zu vielem mehr.

Ich erinnere mich an eine ganz bestimmte Szene, leider weiß ich nicht mehr, welchen Gipfel wir damals erwanderten. Wir befanden uns schon auf unserem Weg bergab, und es war herrlich gewesen.

Uns hatte sich alles geboten, was man sich auf einer Wanderung nur wünschen kann: ein Gipfel vor blauem Himmel mit weißen Wolken, dazu ein beeindruckend graues Felsmassiv. Jetzt befanden wir uns also auf unserem Rückweg und waren von einer Freude erfüllt, die schwer zu beschreiben ist. Eine Erfüllung, ein Überfließen, wir waren ganz da, ganz eins mit dem gerade Erlebten und der Umgebung. So ein Glücksgefühl reißt mit, mehr als der Gebirgsbach, den wir gesehen hatten; wir schwebten in höheren Höhen, als der Adler, der über uns kreiste, sie je würde erreichen können, und wir fühlten uns von einem Glück umfangen, das rauschender war als die Blätter der windbewegten Bäume. Wir liefen weiter, wussten ganz genau, wo wir hinwollten: zu der kleinen Alm mit der Sonnenterrasse, pittoresk gelegen, mit Schatten- und auch Sonnenplätzen. Kein Massenbetrieb, und der Kellner, das wussten wir, würde uns in jeglicher Hinsicht aus dem Herzen sprechen. Wir kamen an, geschafft.

Rucksäcke weg, Schuhe lockern, kurz Wasser ins Gesicht, wunderbar. Dann endlich konnten wir etwas bestellen und zusammen schwärmen: vom Gipfel, dieser Aussicht, dem Wetter, dem Aufstieg.

Wenn ich die Szene heute vor mir sehe, frage ich mich: Warum schätzen wir so häufig nur den Weg hinauf? Was ist mit dem Weg hinab? Ist er weniger wert? In der öffentlichen Anerkennung ja, man will ja immer nur aufwärts, man will rauf auf den Gipfel, will oben ankommen. Dabei ist doch gerade der Weg vom Gipfel herab wunderbar. Man spürt diese unbändige Freude in sich, es geschafft und einen wunderbaren Ausblick genossen zu haben. Man freut sich auf die Alm, an der man vorher vorbeigekommen ist und die so unglaublich einladend aussieht. Immer näher kommt man ihr mit ihren ersehnten Stühlen, dem Weißbier oder dem Lindenblütensaft und einem Kaiserschmarrn. Das beschwingt die Schritte sofort. Und wenn man dort ist oder auch in der Gondel in Richtung Tal oder schon im Auto, dann erlebt man doch immer wieder einmal: Die eigentliche Freude kommt oft nicht auf dem Gipfel, sondern danach. Beim Abstieg, beim Innehalten, beim Begreifen, beim Nach-Sehnen, beim Erschaudern, in der Seele und am Körper. Warum also soll der Weg hinab weniger wert sein?

Und ich frage mich noch etwas: Wäre die Freude weniger intensiv ausgefallen, wenn meine Schwester nicht dabei gewesen wäre? Für mich: Ja. Ganz klar, kein Zweifel. Mir wird das immer wieder bewusst, wenn ich in solchen Situationen um mich herumblicke und einige Wanderer sehe, die alleine dasitzen. Ich weiß, dass auch das Wandern allein seinen Reiz hat. Allein kann man die Stille genießen – wobei ich einwerfen möchte, dass man sie allerdings auch zu zweit genießen kann. Aber ich verstehe sehr gut, dass man auch einmal für sich sein will, mit seinen Schritten und seinen Gedanken. Und doch glaube ich, dass geteilte Freude wirklich doppelte Freude ist, und nicht nur ein netter Sinnspruch. Die Erinnerung an das gerade Erlebte, oder auch an etwas, was schon lange zurückliegt, was ja oft noch farbenfroher und spektakulärer wird, das Schwärmen von den Eindrücken, vielleicht auch die Überraschung, wenn dem einen etwas aufgefallen ist, was der andere nicht bemerkt hat, das steigert die Freude noch. Man schwelgt, man teilt, und man genießt den Kaiserschmarrn zusammen und stößt gemeinsam an. In diesen Momenten ist die gezielte Freude wirklich doppelte Freude – oder sogar noch mehr.

Ich möchte Eva als Schutzpatronin

Sophia Fritz

Ich möchte Eva als Schutzpatronin, weil sich nie jemand besser mit Verlust auskennt. Weil sie die Einzige ist, die sich noch daran erinnert, wie sehr Gott sie wollte.

Weil sie den Rest ihres Lebens von ihrer Vergangenheit erzählen musste, als wäre sie ein Rotweinfleck. Weil Eva sich immer an die ersten Stunden erinnern konnte, in denen es noch nichts Schlechtes gab.

Ich möchte mit Eva über Scham reden und von ihr das Wort »Distanz« hören, denn niemand kann Scham und Distanz besser nachempfinden als Eva nach der Vertreibung aus dem Paradies. Ich möchte von ihr hören, dass schamlos sein nur heißt, keine Geheimnisse zu haben, und dass es einmal einen Ort gab, an dem man nicht einmal den Gedanken kannte, sich verstecken zu müssen.

Ich würde Eva sagen, dass ich immer gleich versuche, den ganzen Baum mitzunehmen, wenn mir jemand sagt, ich soll die Frucht nicht essen. Ich renne jeder Schlange hinterher, die mir etwas verspricht. Wenn ich Eva wäre, hätte ich nicht in den Apfel gebissen, um mehr wie Gott zu sein, sondern um weniger wie ich zu sein.

Ich will Eva als Schutzpatronin, weil sie weiß, wie es ist, von Gott erschaffen zu werden und trotzdem nicht genug an ihn zu glauben.

Ich möchte mit Eva darüber reden, ob der Gedanke an den Apfel manchmal wehtut – nicht, was sie getan hat, sondern wie berechenbar sie dabei war. Und ob sie den Schmerz immer noch halb in Verlust und halb in Erniedrigung einsortiert.

Eva musste keine Erinnerungen mit sich herumtragen, konnte nichts mit ihrer Kindheit rechtfertigen und war trotzdem nicht fähig, eine gute Beziehung zu leben. Ich möchte von ihr wissen, wie es ist, wenn das Einzige, was man kennt, die Liebe ist, und man trotzdem den Geliebten beschuldigt, den Apfel gegessen zu haben.

Ich will, dass Eva mir den Unterschied zwischen »verlieren« und »Verlust« beibringt. Ich will, dass Eva mit mir Landkarten liest und einzeichnet, wie sehr man Reue einen neuen Maßstab geben kann. Und dass sie mit Rotstift ankreuzt, wo man hingehen soll, wenn der Einzige, den deine Zukunft noch etwas angeht, derjenige ist, der kein Teil mehr davon sein will. Ich will, dass sie auf den Marianengraben deutet und erzählt, wie leer sie sich nach der Vertreibung gefühlt hat.

Wie sie für ihre Freunde zu einem Museum wurde.

Wie das Fehlen von Gott der ganze Ausstellungsraum war.

Ich möchte Eva als Paartherapeutin. Ich möchte, dass Eva mich unterbricht und sagt: »Ihr habt euch nicht auseinandergelebt, ihr habt euch zu sehr ineinandergelebt, ihr kennt euch viel zu gut und jetzt fühlt sich alles ein bisschen wie Inzest an. Ihr habt euch nicht voneinander distanziert, ihr habt euch durchschaut und jetzt findest du ihn nicht faszinierender als dich selbst, ich kenne das auch.«

Wenn ich Eva wäre, würde ich viele Dinge nicht erwähnen.

Ich würde nicht über Adam reden, und wie er ihr ihren Namen geben durfte. Ich würde nicht über Gott reden und wie er sie noch angezogen hat, bevor er sie aus dem Paradies vertrieb.

Wenn ich Eva wäre, würde ich die ganze Zeit von dem Apfel erzählen und von dem Gefühl, Liebe gegen alle Möglichkeiten abwägen zu dürfen, und sich für die Möglichkeiten zu entscheiden.

Ich würde von dem Recht reden, das man hat, sich ganz gegen Gott zu wenden, und ich würde das mit Freiheit vergleichen.

Ich würde davon erzählen, wie es ist, alle Dinge neu benennen zu dürfen.

Was ich an Evas Stelle sagen würde, wäre mein bester Versuch, manche Erlebnisse zu vergessen. Ich würde Gott meistens als bedrohlich darstellen und dabei hoffen, dass er mir das verzeiht. Es würde mir nicht darum gehen, zu lügen, sondern einen Weg zu finden, mit manchen Wahrheiten weiterzuleben.

Ich würde den Rest meines Lebens alle unausgesprochenen Vorwürfe geizig für mich behalten, als würde ich sie meinen Kindern noch vererben wollen. Gott sagte, Eva könnte von jetzt an Gut von Böse unterscheiden, aber ich glaube, er hat uns Menschen überschätzt.

Ich glaube nicht, dass wir Menschen uns gerne kaputt machen. Wir sehen nur über uns hinweg. Wir übermalen die Warnhinweise auf den Zigarettenschachteln, wir ignorieren die Mahnungen, wir dulden toxische Freundschaften und weiche Drogen. Wir achten nicht auf die Warnhinweise vor der ersten Liebe, vor der zweiten Liebe, vor der dritten Liebe, wir fälschen jede Unterschrift bei einem Vertrag mit uns selbst.

Ich hoffe, dass der Himmel nicht der Garten Eden ist und dass es dort keine Begierde, keinen Apfel, keine Schlange und keinen Notausgang gibt.
Denn wenn ich Eva wäre, würde ich jederzeit wieder in den Apfel beißen.

Am Glück fehlt stets ein Stück

Phil Bosmans

Es gibt Menschen, die niemals richtig glücklich sein können. Für sie ist das Glück abhängig von tausend Dingen, und etwas fehlt ihnen immer. Sie vergessen, dass Glück aus vielen Teilen besteht.

Immer ist irgendein Teil zu kurz. Ganz schlimm wird es, wenn sie ihr Leben lang auf das eine Teil warten, das nicht da ist.

Sie sind blind für die vielen anderen Teile, mit denen sie glücklich sein könnten. Aber sie sehen sie nicht, die kleinen, gewöhnlichen Dinge.

Glück ist wie die Sonne. Aber selbst auf der Sonne sitzen Flecken!

Trau dem Kind in dir

Anselm Grün

Zu oft überlegen wir, was die andern dann denken würden, welchen Eindruck wir auf die andern machten, wenn wir uns so und so gäben. Ausgelassenheit ist die Freiheit von allem Nachsinnen über die Erwartungen der andern. Wir lassen die Erwartungen der andern beiseite und vertrauen dem Leben, das in uns ist. Wir lassen die Rolle aus, die wir sonst spielen. Wir lassen die Maske los, die uns oft genug unsere innere Lebendigkeit verstellt.

Ausgelassenheit meint sprühende Lebendigkeit. Auch die können wir nicht einfach machen. Manchmal strömt alles in uns. Da sprudeln die Worte nur so aus uns heraus. Da können wir eine ganze Gesellschaft anstecken. Da haben wir ganz verrückte Einfälle. Von solcher Ausgelassenheit springt der Funke meistens auf die andern über. Und es geht Freiheit davon aus. Die andern fühlen sich auf einmal auch frei, dem Kind in sich zu trauen, das spielen möchte, ohne nach dem Zweck und Nutzen zu fragen. Das Kind ist in Berührung mit sich selbst. Es lebt aus sich heraus und nicht aus den Erwartungen seiner Umwelt. Danach sehnen wir uns als Erwachsene wieder, einfach nur zu leben, ohne das Leben so kompliziert zu machen durch unsere vielen Überlegungen, die dauernd abwägen, was wir dürfen und sollen und was andere von uns wollen.

Anhang

Quellenverzeichnis

Alle Quellentexte sind, wenn nicht anders angegeben, im Verlag Herder, Freiburg im Breisgau, erschienen. © Verlag Herder GmbH, Freiburg im Breisgau

Phil Bosmans, Ich hab dich gern, 2019

Phil Bosmans, Vergiss die Freude nicht, 2019

Sophia Fritz, Gott hat mir nie das Du angeboten, 2019

Gotthard Fuchs, Vom Göttlichen berührt. Mystik des Alltags. 2017

Anselm Grün, Das große Buch vom wahren Glück, 2019

Anselm Grün, Jeder Tag ein Weg zum Glück, 2021

Anselm Grün, Der Weg ins eigene Herz. Wie Leben gelingt – Geschichten aus den Weltreligionen, 2019

Jana Highholder, heute ewig. Texte, die in den Kopf gehen und ins Herz, 2019

Das Lied der Pfirsichblüte. Die schönsten ZEN-Geschichten, 2019

Anthony de Mello, Warum der Vogel singt. Geschichten, die glücklich machen, 2019

Philipp Meyer, Gott macht unruhig. Die Dynamik meines Glaubens, 2020

Susanne Niemeyer, 100 Experimente mit Gott. Von Abenteuer bis Zuversicht, 2018

Susanne Niemeyer, Schau hin! Vom Hellersehen und Entdecken, 2021

Susanne Niemeyer, Wie lange ist ewig? Geschichten vom Trauern, Hoffen, Lieben, 2020

Yarito Niimura, Der Tausendfüßler, der das Laufen verlernte. Zen-Geschichten alter Meister, 2020

Wolfgang Öxler und Andrea Göppel, Haltestellen für die Seele. Gedanken für den Weg durchs Leben, 2021

Rainer Maria Rilke, Sämtliche Werke, Bd. 5, Frankfurt a.M., Insel Verlag, 1975

Joachim Ringelnatz, Das Gesamtwerk in sieben Bänden, Bd. 2, Zürich, Diogenes, 1994

Andrea Schwarz, Eigentlich ist Maria ganz anders, 2019

Andrea Schwarz, Eigentlich ist Ostern ganz anders. Hoffnungstexte, 2018

Christa Spannbauer, 40 Tage Achtsamkeit. Impulse für eine etwas andere Fastenzeit, 2019

Christa Spilling-Nöker, Heiße Schokolade und was die Seele sonst noch wärmt. Geschichten zum Wohlfühlen, 2018

Pierre Stutz, Kraftquellen für jeden Tag. Ein Lesebuch, 2019

Martin Werlen, Raus aus dem Schneckenhaus. Nur wer draußen ist, kann drinnen sein, 2020

Heiner Wilmer, Trägt. Die Kunst, Hoffnung und Liebe zu glauben, 2020

Notker Wolf, Ich denke an Sie. Die Kunst, einfach da zu sein, 2020

Teresa Zukic, Gott ist verrückt nach dir! Meine schönsten Gebete und Segenswünsche, 2021

Teresa Zukic, Zurück zur ersten Liebe. Himmlische Neuanfänge, 2020

Textnachweise

S. 17: Ringelnatz, Das Gesamtwerk in sieben Bänden, Bd. 2, 30f.

S. 18: Grün, Das große Buch vom wahren Glück, 38

S. 19: Fuchs, Vom Göttlichen berührt, 24–26

S. 23: Bosmans, Ich hab dich gern, 65

S. 24: Werlen, Raus aus dem Schneckenhaus, 58f.

S. 27: Grün, Jeder Tag ein Weg zum Glück, 14

S. 28: Spilling-Nöker, Heiße Schokolade und was die Seele
sonst noch wärmt, 32–34

S. 31: Zukic, Gott ist verrückt nach dir!, 11

S. 35: Schwarz, Eigentlich ist Maria ganz anders, 56

S. 36: Das Lied der Pfirsichblüte, 64f.

S. 38: Spannbauer, 40 Tage Achtsamkeit, 59

S. 40: Bosmans, Vergiss die Freude nicht, 26

S. 41: Niimura, Der Tausendfüßler, der das Laufen verlernte, 86

S. 42: Niemeyer, 100 Experimente mit Gott, 144

S. 43: Stutz, Kraftquellen für jeden Tag, 81

S. 45: Spannbauer, 40 Tage Achtsamkeit, 13

S. 47: Grün, Der Weg ins eigene Herz, 181f.

S. 51: Niemeyer, Schau hin!, 33

S. 52: Meyer, Gott macht unruhig, 97–99

S. 55: Highholder, heute ewig, 88f.

S. 58: Niemeyer, Wie lange ist ewig?, 125–127

S. 61: Wilmer, Trägt, 35–37

S. 66: Zukic, Gott ist verrückt nach dir!, 9

S. 68: Spilling-Nöker, Heiße Schokolade und was die Seele sonst noch wärmt, 46

S. 69: Zukic, Gott ist verrückt nach dir!, 11

S. 71: Öxler, Haltestellen für die Seele, 130f.

S. 74: de Mello, Warum der Vogel singt, 68

S. 76: Zukic, Zurück zur ersten Liebe, 43–45

S. 80: Schwarz, Eigentlich ist Ostern ganz anders, 140f.

S. 83: Öxler, Haltestellen für die Seele, 132

S. 86: Rilke, Sämtliche Werke, Bd. 5, 31

S. 87: Niemeyer, Wie lange ist ewig?, 125–127

S. 90: Grün, Das große Buch vom wahren Glück, 37

S. 92: Schwarz, Eigentlich ist Maria ganz anders, 98f.

S. 95: Öxler, Haltestellen für die Seele, 76f.

S. 97: Grün, Der Weg ins eigene Herz, 129f.

S. 99: Wolf, Ich denke an Sie, 147–150

S. 105: Fritz, Gott hat mir nie das Du angeboten, 19–23

S. 111: Bosmans, Ich hab dich gern, 33

S. 112: Grün, Das große Buch vom wahren Glück, 69

Verzeichnis der Autorinnen und Autoren

Phil Bosmans, 1922–2012, flämischer Ordensmann, erreichte durch seine Bücher weltweit Millionen von Leserinnen und Lesern für seine »Botschaft des Herzens«. Er gründete den »Bund ohne Namen«, der sich in vielen Ländern menschlich und sozial engagiert. Seine Werke erscheinen auf Deutsch im Verlag Herder. Zuletzt: »Vergiss die Freude nicht« und »Ich hab dich gern« (2019). Im Internet: www.phil-bosmans.de

Sophia Fritz, geb. 1997, ist derzeit Studentin an der Hochschule für Fernsehen und Film in München, Hauptstudium »Drehbuch«. Bereits diverse Stipendien und Preise für Literatur, v.a. Kurzgeschichten. Bei Herder: »Gott hat mir nie das Du angeboten« (2019).

Gotthard Fuchs, geb. 1938 in Halle/S., Dr. phil., seit 1963 Priester des Erzbistums Paderborn, ist seelsorgerlich und publizistisch tätig in der Vermittlung von Theologie, Spiritualität und Pastoral und lebt in Wiesbaden. Zuletzt bei Herder: »Vom Göttlichen berührt. Mystik des Alltags« (2017).

Anselm Grün, geb. 1945, Dr. theol., Benediktiner und Verwalter der Abtei Münsterschwarzach; geistlicher Berater, Begleiter und weltweit populärster christlicher Autor unserer Tage. Seine Bücher zur Spiritualität und Lebenskunst haben Millionenauflagen erreicht. Zuletzt bei Herder u.a.: »Das Glück der Stille.

Ruhe finden in einer lauten Welt« und »Quarantäne! Eine Gebrauchsanweisung. So gelingt friedliches Zusammenleben zu Hause« (2020). Im Internet: www.einfach-leben-brief.de

Jana Highholder, geb. 1998, studiert Humanmedizin in Münster und ist bekannt als Poetry-Slammerin, Autorin und YouTuberin. Ihre Liebe zur gesprochenen Poesie erkannte sie über Nacht im Oktober 2014 und ist seither im gesamten deutschsprachigen Raum unterwegs. Zuletzt bei Herder: »Double the Blessing. Gott hat noch was vor« (2020).

Anthony de Mello, 1931–1987, geb. in Mumbai (Bombay), studierte nach seinem Eintritt in den Jesuitenorden Philosophie, Theologie und Psychologie in Barcelona, Poona, Chicago und Rom. Bis zu seinem Tod leitete er ein Beratungs- und Ausbildungszentrum in Lonavla in Indien. Er gilt als einer der meistgeschätzten Weisheitslehrer unserer Zeit. Zuletzt bei Herder: »Warum der Vogel singt. Geschichten, die glücklich machen« und »Wer bringt das Pferd zum Fliegen? Geschichten, die glücklich machen« (2019).

Pater Philipp Meyer OSB, geb. 1981 in Braunschweig, ist der Kantor der Abtei Maria Laach und Chordirektor der von ihm gegründeten Cappella Lacensis. Er studierte Kirchenmusik in Heidelberg und Köln und trat 2006 in die Benediktinerabtei

Maria Laach ein. Nach dem Studium der Theologie in Salzburg und Rom wurde er 2015 zum Priester geweiht. Durch seine Video-Kolumne auf katholisch.de wurde er einem großen Publikum bekannt. Bei Herder: »Gott ist uns nahe. 24 Adventsmeditationen« (2020).

Susanne Niemeyer, geb. 1972, ist freie Autorin, Kolumnistin und Bloggerin (www.freudenwort.de). Vorher war sie viele Jahre Redakteurin bei »Andere Zeiten«. Auf ihren kreativen Schreibreisen nach Schweden, Mallorca oder in die Alpen sammelt sie neue Ideen und inspiriert andere dazu, eigene Geschichten zu schreiben. Von ihrem Fenster im dritten Stock sieht sie den Hamburger Himmel. Zuletzt bei Herder: »Wie lang ist ewig? Geschichten vom Trauern, Hoffen, Lieben« (2019).

Yarito Niimura, Autorenpseudonym einer in Deutschland lebenden japanischen Autorin und Übersetzerin mit einer besonderen Liebe zu Zen und Bonsai-Bäumen. Zuletzt bei Herder: »Der Tausendfüßler, der das Laufen verlernte. Zen-Geschichten alter Meister« (2020).

Wolfgang Öxler, geb. 1957, ist 1980 in den Benediktinerorden von St. Ottilien eingetreten, seit 1988 Priester und seit 2013 Erzabt von St. Ottilien. Der Leitspruch des Diplomtheologen und Musikers lautet: »Gottesvoll den Menschen nah.« Bei Herder zusammen mit Andrea Göppel: »Haltestellen für die Seele. Gedanken für den Weg durchs Leben« (2021).

Rainer Maria Rilke, 1875–1926, ist einer der größten deutschsprachigen Autoren am Anfang des 20. Jahrhunderts. Bei Herder: »Worte der Verwandlung« (2018).

Joachim Ringelnatz, 1883–1934, eigentlich Hans Gustav Bötticher, deutscher Schriftsteller, Kabarettist und Maler, der vor allem für humoristische Gedichte um die Kunstfigur Kuttel Daddeldu bekannt ist.

Andrea Schwarz, geb. 1955, ausgebildete Industriekauffrau und Sozialpädagogin, viele Jahre in der Gemeindearbeit in Viernheim bei Mannheim sowie ehrenamtlich bei Projekten der Mariannhiller Schwestern in Südafrika. Heute als gefragte Referentin, Trainerin und Bibliolog-Ausbilderin tätig. Zahlreiche, sehr erfolgreiche Veröffentlichungen im Verlag Herder. Zuletzt: »Ich mag Gänseblümchen« (2020).

Christa Spannbauer lebt als Autorin, Referentin und Filmemacherin in Berlin. In ihren Publikationen und Vorträgen beschäftigt sie sich mit den Fragen der Lebenskunst und zeigt die Alltagstauglichkeit der Weisheitswege aus Ost und West für den modernen Menschen auf. Ihre jahrelange Zen- und Achtsamkeitspraxis unterstützen sie darin. Zuletzt gemeinsam mit Annika Behrendt bei Herder: »Den Herzschlag der Natur spüren. Achtsam und verbunden leben« (2020). www.christa-spannbauer.de

Christa Spilling-Nöker, geb. in Hamburg, Dr. phil., Pfarrerin mit pädagogischer und tiefenpsychologischer Ausbildung. Zahlreiche Veröffentlichungen. Zuletzt bei Herder: »Heute einfach glücklich sein. 33 Schritte zu einem erfüllten Leben« (2018).

Pierre Stutz, Theologe, spiritueller Begleiter, Autor vieler erfolgreicher Bücher zu einer Spiritualität im Alltag, langjährige Erfahrung in Jugendseelsorge und Erwachsenenbildung, Ausbildung im Sozialtherapeutischen Rollenspiel, rege Kurs- und Vortragstätigkeit im ganzen deutschsprachigen Raum, lebt in Osnabrück. Zuletzt bei Herder: »Kraftquellen für jeden Tag. Ein Lesebuch« (2019). Im Internet: www. pierrestutz.ch.

Martin Werlen OSB, geb. 1962, Mönch des Klosters Einsiedeln, er wirkte dort als Novizenmeister und Gymnasiallehrer. Von 2001 bis 2013 war er der 58. Abt des Klosters und Mitglied der Schweizer Bischofskonferenz. Seit August 2020 ist er Verantwortlicher der zum Kloster gehörenden Propstei St. Gerold in Vorarlberg (Österreich). Zuletzt bei Herder: »Raus aus dem Schneckenhaus! Nur wer draußen ist, kann drinnen sein« (2020).

Heiner Wilmer SCJ, Dr. theol., geb. 1961, 1987 zum Priester geweiht, 1993–2007 Lehrer, Schulseelsorger, Schulleiter, davon einige Zeit in der Bronx in New York; seit 2007 Provinzial der Herz-Jesu-Priester in Deutschland. Von 2015–2018 war er Ordensgeneral der Leiter der Herz-Jesu-Priester (Dehonianer) weltweit, bevor er 2018 zum Bischof von Hildesheim ernannt wurde. Zuletzt bei Herder: »Trägt. Die Kunst, Hoffnung und Liebe zu glauben« (2020).

Notker Wolf, Dr. phil., geb. 1940, seit 1961 Mönch der Benediktinerabtei St. Ottilien, 1977 zum Erzabt gewählt, von 2000 bis 2016 war er als Abtprimas des Benediktinerordens mit Sitz in Rom der höchste Repräsentant von mehr als 800 Klöstern und Abteien weltweit. Zuletzt bei Herder: »Ich denke an Sie. Die Kunst, einfach da zu sein« (2020).

Schwester Teresa Zukic ist Mitbegründerin der »Kleinen Kommunität der Geschwister Jesu« und eine der bekanntesten Ordensschwestern Deutschlands. Heute ist sie gefragte Rednerin mit über zweihundert Auftritten im Jahr. Zuletzt bei Herder: »Gott ist verrückt nach dir! Meine schönsten Gebete und Segenswünsche« (2021).

MIX
Papier aus verantwor-
tungsvollen Quellen
FSC® C083411

© Verlag Herder GmbH, Freiburg im Breisgau 2021

Alle Rechte vorbehalten

www.herder.de

Umschlaggestaltung: Verlag Herder

Umschlagmotiv: © Tatahnka/shutterstock

Vignetten im Innenteil: © Tatahnka/shutterstock

Satz: Arnold & Domnick, Leipzig

Herstellung: CPI books GmbH, Leck

Printed in Germany

ISBN 978-3-451-03286-8

Alles schon gesehen?
Alles schon erkannt?

144 Seiten | Gebunden
ISBN 978-3-451-38864-4

»Schau hin!«, ermutigt Susanne Niemeyer in ihrem Buch.
In fünf Kapiteln geht es ums Sehen, Entdecken und ums
Angesehen-Werden: eine andere Perspektive, ein Wort im Wort,
eine Alternative, einen Auftrag, das Unsichtbare. Jedes Kapitel
besteht aus einer Collage, einem Kurztext und einem Jesus-
Dialog. Denn nur wer (nochmal) genauer hinschaut, wird auch
im Alltag überrascht.

In jeder Buchhandlung!

HERDER

www.herder.de